Bibliografische Information der Deutschen Nationalbibliothek:

Die Deutsche Bibliothek verzeichnet diese Publikation in der Deutschen National-bibliografie; detaillierte bibliografische Daten sind im Internet über http://dnb.d-nb.de/ abrufbar.

Impressum:

Copyright © 2015 GRIN Verlag, Open Publishing GmbH
Druck und Bindung: Books on Demand GmbH, Norderstedt Germany
ISBN: 978-3-668-04998-7

Dieses Buch bei GRIN:

http://www.grin.com/de/e-book/302133/einsatz-digitaler-medien-im-unterricht-an-der-berufsschule-konzeption

Mario Trimmel

Einsatz digitaler Medien im Unterricht an der Berufs-schule. Konzeption eines Blended-Learning-Modells für Bautechnische Zeichner

GRIN Verlag

„Einsatz digitaler Medien im Unterricht an der Berufsschule"

Konzeption eines Blended-Learning-Modells
für den Lehrberuf Bautechnische Zeichner und Zeichnerinnen

DI MarioTrimmel

Eingereicht an der Pädagogischen Hochschule Steiermark
zur Erlangung des akademischen Grades Bachelor of Education (BEd)

Studienjahrgang: 2011/12

Studienfachbereiche:

Unterrichtswissenschaften
Fachdidaktik

Graz 2015

„Man is still the most extraordinary computer of all."

(„Der Mensch ist immer noch der beste Computer.")

John F. Kennedy

(National Archives and Records Service, 1963, S. 416)

ABSTRACT

Der erste Teil dieser Arbeit betrachtet zu Beginn das Berufsbild eines Bautechnischen Zeichners bzw. einer Bautechnischen Zeichnerin. Weitere Kapitel durchleuchten die Bildungs- und Lehraufgabe der Berufsschule in der Ausbildung für diesen Lehrberuf in Österreich und beschreiben die gegenwärtige Unterrichtssituation.

In weiterer Folge findet sich eine Betrachtung zu den elektronischen Medien, mit einer Definition des Medienbegriffs, einer Beschreibung der Funktionen einzelner digitaler Medien und einem Überblick über ihren möglichen Einsatz im Unterricht.

Der empirische Teil erforscht die Möglichkeiten und die Akzeptanz des Einsatzes digitaler Medien im Unterricht für den Lehrberuf der Bautechnischen Zeichner und Zeichnerinnen in einer Landesberufsschule. Dafür wurde der AMA-Unterricht gewählt und mit einer Kontrollgruppe ohne definierte digitale Medien verglichen.

Die Schülerinnen und Schüler beider Gruppen wurden nach ihrer Sichtweise über die jeweilige Methode befragt, und ihre Leistungen hinsichtlich einer Schularbeit dokumentiert.

VORWORT

Meine persönliche berufliche Vergangenheit in diversen Architekturbüros, die damalige Zusammenarbeit mit auszubildenden Jugendlichen und meine derzeitige Tätigkeit als Lehrer führten mich immer wieder zu Diskussionen mit Kolleginnen und Kollegen über den Stellenwert und die Einsatzmöglichkeiten der verschiedensten elektronischen Geräte im Unterricht. Diese haben mich dazu bewogen, den Einsatz der digitalen Medien im Unterricht des Fachbereichs der Bautechnischen Zeichner und Zeichnerinnen zu erforschen.

An dieser Stelle möchte ich mich bei Herrn Dr. Werner Moriz für die kompetente Betreuung meiner Bachelorarbeit herzlich bedanken. Ein besonderer Dank gebührt auch den Schülerinnen und Schülern der Landesberufsschule für ihre Mitarbeit, die Gespräche und die Zeit, die sie sich dafür genommen haben.

Mein ganz besonderer Dank gilt meiner Familie, die mich während meiner Ausbildungszeit sehr unterstützte. Vor allem meine Kinder sind stets das beste Beispiel dafür, dass die Position als Autorität nicht nur aus Verantwortung und Wissensvermittlung besteht. Sie sorgen sich auch um mich und vermitteln mir, zumeist ungeplant, täglich neues Wissen.

Inhaltsverzeichnis

1 Einleitung

In den verschiedensten Bildungsdiskussionen wird immer wieder über den schlechten Bildungsstand der österreichischen Schülerinnen und Schüler geklagt. Man ist über das schlechte Abschneiden unserer Jugendlichen bei diversen Studien („PISA" - Programme for International Student Assessment, „PIRLS" - Progress in International Reading Literacy Study, „TIMSS" - Trends in International Mathematics and Science Study, ...) besorgt (Pumberger, 2012, S. 2). Hinterfragt man die Ursachen dafür, erhält man mehrheitlich die Antwort, dass der Zeitmangel der Eltern und die Welt der Technik verantwortlich sind. Zu viel Fernsehen, zu viele Computerspiele, zu viel Zeitvertreib mit Handy und dem Internet haben negative Auswirkungen auf die schulische Entwicklung, wird publiziert (Pfeiffer, Mößle, & Kleiman, 2007, S. 10-15).

Gleichzeitig ist der Computer in all seinen unterschiedlichen Erscheinungsformen (PC, Laptop, Tablet, Handy,...) aber das alltägliche Arbeitswerkzeug der Bautechnischen Zeichnerinnen und Zeichner. Der Arbeitsplatz im Büro ist ein Schreibtisch mit PC, Arbeitsanweisungen kommen vielfach per E-Mail und um bei Außendienstarbeiten alle Projektinformationen verfügbar zu haben, werden Mobiltelefone und Tablets bzw. Laptops benötigt. Es ist daher naheliegend, diese Geräte soweit als möglich auch in die Unterrichtsarbeit der dreijährigen Berufsschulzeit zu integrieren, was die Forschungsfrage dieser Arbeit aufwirft: *„Wie kann ein Unterrichtskonzept für den Lehrberuf Bautechnische Zeichner und Zeichnerinnen an einer Landesberufsschule aussehen, das auf die Verwendung von digitalen Medien aufbaut?"*

Die vorliegende Arbeit befasst sich daher mit den Möglichkeiten, die durch den Einsatz von digitalen Medien für den Unterricht an der Berufsschule zur Verfügung stehen und erforscht mit Hilfe des Einsatzes zuvor beschriebener Methoden die Leistungen hinsichtlich einer Schularbeit und mit nachfolgenden Fragebögen die Akzeptanz bei den Schülern und Schülerinnen.

So, wie in der Medizin bekanntlich die Dosis bestimmt, ob etwas gesund oder giftig ist, bedarf es vermutlich auch für die Thematik der digitalen Medien eines sorgsamen Umganges und eines zielgerichteten Einsatzes.

2 Zum Berufsbild der Bautechnischen Zeichner und Zeichnerinnen

Im folgenden Kapitel werden die Tätigkeiten und das Arbeitsumfeld der betrachteten Berufsgruppe dargestellt. Hier zeigt sich die enge Verflechtung mit einer Vielzahl an elektronischen Medien.

„Bautechnischer Zeichner

> ist ein Angestellter, welcher unter Aufsicht eines bautechnischen Angestellten der Gruppe A3 bis A5 Pläne abzeichnet, Maßskizzen durchzeichnet, Zeichnungen auszieht und anlegt, Pläne beschriftet, Zeichnungen in andere Maßstäbe überträgt, einfache Schalungszeichnungen und einfache grafische Darstellungen anfertigt, Baupläne nach Skizzen ohne besondere Anleitung aufträgt und kotiert." (ÖGB, 2014, S. 11)

Hinter oben angeführter Beschreibung aus dem Kollektivvertrag für Angestellte der Baugewerbe und der Bauindustrie steckt ein vielfältiges Betätigungsfeld: Jedes bautechnische Projekt bedarf einer sorgfältigen Planung von einer Vielzahl an einschlägigen Fachleuten: Architekten entwerfen ein Gebäude, Statiker berechnen die Dimensionierungen aller tragenden Bauteile, Haustechnikplaner entwerfen ein Ver- und Entsorgungssystem mit Wasser, Luft, Wärme, Kälte, … etc.

Und je nach Art und Kontext des geplanten Projektes prüfen Akustikplaner die gewünschte bzw. unerwünschte Ausbreitung von Schall, Geologen die Tragfähigkeit und die Versickerungseigenschaften des Untergrundes, Brandschutzplaner die entsprechenden Schutzmaßnahmen, Verkehrsplaner die Situierung der externen Erschließung, Gastroplaner sämtliche Ausstattungsbedürfnisse gastronomischer Einrichtungen, wie zum Beispiel Großküchen, etc.

All diese planenden Fachbereiche bedürfen der Unterstützung durch die Berufsgruppe der Bautechnischen Zeichner: Sie erstellen und adaptieren Pläne, erledigen die Reproduktion und Verteilung dieser Unterlagen und erstellen umfangreiche Dokumente im Zusammenhang mit der jeweiligen Bauaufgabe, wie zum Beispiel die Planung von Schutzmaßnahmen auf den Baustellen (Institut für Bildungsforschung der Wirtschaft, 2015).

Dabei werden Pläne teilweise per Hand erstellt, größtenteils kommen jedoch CAD-Systeme zum Einsatz (CAD = Computer Aided Design, Beispiele: AutoCAD® vom

US-amerikanischen Unternehmen Autodesk, ARCHICAD vom ungarischen Unternehmen Graphisoft, oder ABISPLAN vom Grazer Unternehmen Abis).

Auch für die Verteilung der planungsrelevanten Grundlagen und Informationen kommen seit vielen Jahren beinahe nur noch „Computer Aided" Systeme, wie zum Beispiel E-Mail, oder Projektplattformen zum Einsatz (Beyer, et al., 2003, S. 8). Eine Projektplattform ist in der Regel eine Homepage, die es einem passwortgeschützten Teilnehmerkreis (zum Beispiel alle an einem Projekt beteiligten Planer) ermöglicht, stets die aktuellen Projektdaten zu erhalten. Stellt beispielsweise ein Fachplaner eine neue Version eines Detailplanes online, werden sofort alle übrigen Beteiligten informiert eventuell dadurch und veraltete Planunterlagen vom System automatisch gesperrt. Diese Verwaltung gilt nicht nur für gezeichnete Pläne, sondern für alle im Lauf eines Bauprojektes erforderlichen Dokumente, also auch Berechnungen, Angebote, oder Zeitplanungen. Beispiele: der Münchner Anbieter Conject, oder der Grazer Anbieter datfer.

Bautechnische Zeichnerinnen und Zeichner erstellen und verteilen aber nicht nur Pläne, sie erstellen auch Texte (Baubeschreibungen, Angebotsschreiben,...), führen Rechenoperationen durch (Kubaturen, Kosten, Bauteildimensionierungen,...), verwalten Daten, wie zum Beispiel Adressen und Kosten, in Datenbanken, sie erstellen Projektpräsentationen und erstellen bzw. bearbeiten auch Internetseiten. Hierfür benötigen sie Kenntnisse in der gängigsten Standardsoftware: Word, Excel, Access, Power Point und Frontpage (Kaczmarczyk, Kuhr, Strupp, Schmidt, & Schmidt, 2010, S. 35).

Um all diese erwähnten Fachbereiche abdecken zu können, ist für die Bautechnischen Zeichner und Zeichnerinnen einerseits eine umfangreiche Ausbildung in Grundlagen aller bautechnischen Disziplinen und anderseits eine hohe Selbstorganisationsfähigkeit erforderlich. Der Schüler soll lernen, Probleme eigenständig lösen zu können, oder sich eigenständig an den jeweils richtigen Ansprechpartner (Fachplaner, Internetseite, Firmenvertreter,...) zu wenden.

Auch wenn es sich bei diesen Problemen großteils um unvorhersehbare Situationen handelt, kann man den Umgang damit in der Berufsschule trainieren. Das erfordert jedoch ein Umdenken im Umgang mit herkömmlichen Lehrmaterialien (Schulbücher) und die Einbindung „alltäglicher" Elektronikkomponenten (PC, Laptop, Tablet, Handy,...).

3 Zur Bildungs- und Lehraufgabe der Berufsschule in der Ausbildung für diesen Lehrberuf

Die Dauer der Lehrausbildung beträgt drei Jahre, somit haben Bautechnische Zeichner und Zeichnerinnen drei Klassen an der Berufsschule zu absolvieren. Eine verkürzte Lehrzeit wäre aufgrund bereits abgeschlossener Berufsausbildungen, oder beispielsweise durch den Abschluss einer Reifeprüfung möglich (Bundesminister für wirtschaftliche Angelegenheiten, 1997).

Die österreichische Ausbildung in der Lehre wird als „dual" bezeichnet, da sie zum Teil in einem Betrieb stattfindet und zum Teil in der Schule. Sie ist für rund 40 % der Jugendlichen in Österreich eine gute Option nach ihrem Pflichtschulabschluss einen Beruf zu erlernen, sich berufliche Qualifikationen anzueignen und sich auch in allgemeinbildenden Fächern fortzubilden. Hierfür wird der fachtheoretische Unterricht durch praktische Lehreinheiten unterstützt und durch allgemeinbildende Unterrichtsfächer ergänzt (Bundesministerium für Bildung und Frauen, 2015). Das Berufsausbildungsgesetz (BAG) enthält die diesbezüglichen gesetzlichen Regelungen.

Die Berufsschule hat laut § 46 und unter Bedachtnahme auf § 2 des Schulorganisationsgesetzes die Aufgabe, die Schüler/innen berufsbegleitend und fachlich einschlägig zu unterrichten und ihnen die grundlegenden theoretischen Kenntnisse zu vermitteln, ihre betriebliche Ausbildung zu fördern und zu ergänzen sowie ihre Allgemeinbildung zu erweitern (Landesschulrat für Steiermark, 2008).

Der Lehrplan für Berufsschulen sieht aber nicht nur die Vermittlung von Fähigkeiten und Fertigkeiten vor, sondern betont auch die erzieherischen Aspekte einer Lehrperson. Die Berufsschule soll den Jugendlichen zu mitmenschlichen Verhaltensweisen, Teamfähigkeit und zur Bereitschaft für verantwortungsbewusste Zusammenarbeit in einem Betrieb, der Gesellschaft und dem Staat erziehen. Die Schüler/innen sollen dazu angeregt werden sich mit der Sinnfrage, mit ethischen und moralischen Werten wie mit der religiösen Dimension des Lebens sowie mit Weltanschauungen und Religionen als notwendiger Erweiterung dieser Kompetenzen auseinanderzusetzen (Landesschulrat für Steiermark, 2008).

Die allgemeinen didaktischen Grundsätze sehen vor, dass sich die Lehrer/innen, aber auch die Auswahl und die Behandlung des Lehrstoffes am neuesten Stand der Technik und Wissenschaft orientieren. Ein fächerübergreifender Unterricht sollte den Schüler/innen dazu dienen, ihre Kenntnisse und Fertigkeiten in verschiedenen Situationen anwenden zu können. Unterstützend sollte dazu in den höheren Schulklassen projektorientierter Unterricht stattfinden, um die Zusammenhänge der einzelnen Stoffgebiete und der Unterrichtsgegenstände den Jugendlichen besser verständlich machen zu können (Landesschulrat für Steiermark, 2008, S. 4).

3.1 Zur gegenwärtigen Unterrichtssituation

Die Lehrlinge kommen durchschnittlich einmal pro Kalenderjahr für rund 2 Monate an die Berufsschule um als „Schülerinnen und Schüler" ergänzende Inhalte zu ihrer Ausbildung im Lehrbetrieb zu erhalten.

Der Unterricht findet mehrheitlich in Klassenzimmern statt, deren Größe in etwa an die Anzahl der Schülerinnen und Schüler der jeweiligen Klasse angepasst sind. Zugang zu einem PC gibt es in gesonderten Computerräumen, deren Benutzung durch den Stundenplan geregelt und auf den Unterricht der anderen Berufsgruppen an der Landesberufsschule abgestimmt ist.

Die Verwendung eines Handys ist nicht vorgesehen. Die Hausordnung der Landesberufsschule sieht hier vor:

„UNTERRICHT – NEUE MEDIEN

...

Mobiltelefone und Tablets sind im Unterricht nicht erlaubt, auch nicht als Taschenrechner. Diese Geräte dürfen nur im ausgeschalteten Zustand in die Klassen mitgenommen werden und sind in den Schultaschen zu verstauen. Das Aufladen dieser Geräte ist am Stromnetz der Schule untersagt, da es den strafrechtlichen Tatbestand des Stromdiebstahls erfüllt. Das Anfertigen von Fotos und Tonaufnahme, außer in zum Unterricht gehörenden ausschließlich genehmigten Bereichen, als auch das Publizieren in den sozialen Medien ist verboten. Zuwiderhandlungen können neben finanziellen Folgen des Urheberrechts auch kostenpflichtige zivilrechtliche Folgen nach sich ziehen." (Schulgemeinschaftsausschuss der LBS Graz 5 , 2014)

Die Unterrichtsarbeit findet grundsätzlich nur in den Unterrichtszeiten in den Schulräumen statt. Hausübungen bzw. sonstige außerhalb der Unterrichtszeit zu erledigende Arbeiten sind nicht vorgesehen.

Aufgrund des unter Kapitel 2 beschriebenen weit gefächerten Aufgabengebiets einer Bautechnischen Zeichnerin bzw. eines Bautechnischen Zeichners stehen Lehrende, die beruflichen Erfahrungen der Schüler betreffend, zumeist vor sehr heterogenen Klassen. Beispielsweise gibt es Schülerinnen oder Schüler mit sehr hohen Erfahrungen mit Stiegen, denen aber sämtliche holzbautechnischen Erfahrungen fehlen. Diesem Umstand könnte das in dieser Arbeit beschriebene „Blended Learning" Rechnung tragen, indem die Schülerinnen und Schüler selbstständig mehr Unterrichtszeit in die ihnen fehlenden Themengebiete investieren können.

3.2   Zur Kompetenzorientierung

Seit 2004 wird in Österreich schultypenübergreifend das Konzept der „Kompetenzorientierung" schrittweise in die Lehrpläne implementiert (Fritz, 2012, S. 6). Nachfolgend wird diese Vorgabe des Gesetzgebers beschrieben und ihre Bedeutung für die Berufsschule bzw. den Lehrberuf der Bautechnischen Zeichner und Zeichnerinnen betrachtet.

Kompetenzen verbinden Wissen und Können. Unter Kompetenzen versteht man „die bei Individuen verfügbaren oder durch sie erlernbaren kognitiven Fähigkeiten und Fertigkeiten, um bestimmte Probleme zu lösen, sowie die damit verbundenen motivationalen, volitionalen und sozialen Bereitschaften und Fähigkeiten, um die Problemlösungen in variablen Situationen erfolgreich und verantwortungsvoll nutzen zu können" (Weinert, 2014, S. 27-28).

Dabei stehen die selbstständige und eigenverantwortliche Arbeit der Schülerinnen und Schüler im Mittelpunkt, das vernetzte (="fächerübergreifende") Denken, sowie das Training von Partner- und Teamarbeit. Eine Kompetenz ist somit, vereinfacht gesagt, die Fähigkeit ein (berufsbezogenes) Problem lösen zu können.

Der Gesetzgeber fordert daher, zusätzlich zur Ausbildung in den fachlichen Kenntnissen und Fertigkeiten, die Entwicklung und das Training folgender Kompetenzen für diesen Lehrberuf:

Sozialkompetenz — wie Offenheit, Teamfähigkeit, Konfliktfähigkeit

Methodenkompetenz — wie Präsentationsfähigkeit, Rhetorik in deutscher Sprache, Verständigungsfähigkeit in den Grundzügen der englischen Sprache

Selbstkompetenz — wie Selbsteinschätzung, Selbstvertrauen, Eigenständigkeit, Belastbarkeit

Kompetenz für das selbstgesteuerte Lernen

wie Bereitschaft, Kenntnis über Methoden, Fähigkeit zur Auswahl geeigneter Medien und Materialien

(Bundesminister für Wirtschaft und Arbeit, 2007, S. 4)

Davon erhofft man sich eine Persönlichkeitsbildung des Lehrlings, die ihm die oben angeführten, für eine bautechnische Fachkraft erforderlichen Schlüsselqualifikationen, vermittelt. Zu diesem Zweck sind die Lehrbetriebe und Berufsschulen gefordert, betriebliche Erfordernisse und Vorgaben besonders zu beachten (Bundesminister für Wirtschaft und Arbeit, 2007, S. 4). Der Lehrling soll somit in seiner Ausbildungszeit mit den alltäglichen Situationen der bautechnischen Planungsbereiche konfrontiert werden und lernen selbstständig Probleme zu lösen.

Für den in dieser Arbeit beschriebenen Lehrberuf der Bautechnischen Zeichnerinnen und Zeichner bietet ein Arbeitsplatz in einem Computer-Raum der Berufsschule annähernd die gleichen Bedingungen, wie der Arbeitsplatz in ihrem Lehrbetrieb. Es stehen ein firmeninternes Netzwerk und das Internet zur Verfügung, gearbeitet wird mit sämtlichen gängigen CAD-, Web- und Office-Programmen.

4 Zu den Elektronischen Medien

In diesem Kapitel wird vor allem der Medienbegriff betrachtet, mit einer Fokussierung auf jenen Bereich, der computergestütztes Unterrichten ermöglicht. Nach dem Versuch einer Definition steht die „Hardware" im Mittelpunkt - jene technischen Hilfsmittel die Lehrenden und Lernenden zur Durchführung von e-learning zur Verfügung stehen. Dem darauffolgenden Blick auf die nötige Infrastruktur des Internets und die Software, die mit diesen Geräten betrieben werden kann, folgt eine Betrachtung von Methoden, die dem abschließend beschriebenen „Blended Learning" zugrunde liegen.

4.1 Definition

> „Eine umfassende und allseits akzeptierte Definition, was Medien eigentlich sind, gibt es nicht" (Petko, 2014, S. 13)

Dieses Kapitel befasst sich mit jenen elektronischen Geräten, die hilfreiche Werkzeuge für den Unterricht sein könnten, da ihr Gebrauch heutzutage in nahezu allen Lebensbereichen möglich ist. Als Lehrer kann man davon ausgehen, dass ihre jeweilige Anwendung den Schülern bekannt ist. Allen gemeinsam ist die Integration eines „Personal Computers" (PC), der von einem fixen Arbeitsplatz („Desktop-PC") losgelöst, mobil verwendet wird. Darauf aufbauend wird die Verwendung dieser Geräte für die gängigsten Unterrichtsmethoden betrachtet.

4.2 Mobiltelefon, Handy, Smartphone

Der technische Fortschritt und die Bedürfnisse der digitalen Medienwelt haben bewirkt, dass sich das Mobiltelefon zu einem Multifunktionsgerät und einem interaktiven Tool entwickelt hat. Die fortschreitende Miniaturisierung der Bauteile generierte auch eine neue Benennung für diese Geräte: Die im deutschen Sprachraum übliche Bezeichnung „Handy" reicht nicht mehr aus, ein multimediales Allround-Gerät zu benennen. Die eingebauten Elemente und das Zubehör machen eine Multimedia-Station daraus, welches fortan als „Smartphone" bezeichnet wird. Gläser nennt folgende Funktionen:

(a) Kommunikationsinstrument (Messaging): Telefon, Videokonferenz, E-Mail

(b) mobiles Internet

(c) Portables, interaktives TV-Gerät

(d) Digitale Kamera (Standbild, Bewegtbild)

(e) Videorecorder

(f) Sound-Anlage, MP3-Player

(g) Kreditkarte

(h) Spielkonsole

(i) Computer, Organizer, mobiles Büro

(j) Beamer

(Gläser, 2014, S. 288)

4.3 Laptop, Notebook, Portable

Als Laptop bezeichnet man Geräte, die eine Alternative zum Desktop-PC darstellen. Die Funktionen eines Stand-PC werden in eine mobile Form verpackt um den Rechner an unterschiedlichen Einsatzorten nutzen zu können. Für immer kleiner werdende Formen sind dann auch eigene Benennungen üblich: Laptop - Notebook - Portable (Viereck & Sonderhüsken, 2001, S. 106).

Da diese Geräte dieselben Funktionen wie Desktop-PC´s ermöglichen, verfügen sie grundsätzlich auch über dieselben Komponenten: Tatstatur, Bildschirm und Steckplätze zum Anschluss einer Vielzahl an externen Geräten (Viereck & Sonderhüsken, 2001, S. 107). Mittlerweile ist auch W-LAN standardmäßig in diese Geräte integriert, was folgende Vorteile bringt: Die Verbindung zu Geräten, wie zum Beispiel einem Drucker, oder mit dem Internet lässt sich kabellos herstellen.

Verglichen mit einem Desktop-Gerät haben diese Geräte zugunsten der Mobilität jedoch folgende Nachteile:

- einzelne Komponenten sind nicht (so leicht) separat austauschbar, da sie wegen der Transport-Beanspruchung zumeist fest eingebaut sind.

- die Tastatur ist aufgrund ihrer kompakten Größe nicht für längeres Arbeiten geeignet.

- ebenso ist die Handhabung des Touchpads nicht so komfortabel, wie die einer Maus.

- und auch der in der Regel größere Bildschirm eines Desktop PC´s eignet sich eher für längeres Arbeiten.

(Viereck & Sonderhüsken, 2001, S. 107)

4.4 Tablet

Der Begriff „Tablet" steht eigentlich für die Bezeichnung „Tablet PC". Damit sind somit PC´s gemeint, die in Form und Größe einer „Schreibtafel" ähneln. Sie funktionieren batteriebetrieben und sind drahtlos (W-LAN, UMTS, Bluetooth) mit dem Internet verbunden (Ortig, 2011, S. 4).

Im Unterschied zu den zuvor beschriebenen Laptops, verfügen sie über keine Tastatur und keine Maus. Die Bedienung erfolgt direkt über das Display („Touchscreen") mit drahtlosen Eingabestiften oder den Fingern (Ortig, 2011, S. 4). Sie ermöglichen dadurch eine natürlichere Form der Eingabe: man berührt das Display intuitiv dort, wo man eine Aktion setzen will. Für die Erstellung von handgeschriebenen Notizen und Skizzen kann man wie bei der Arbeit auf Papier vorgehen, mit dem Vorteil einer digitalen Archivierbarkeit, Bearbeitbarkeit und Versendbarkeit.

4.5 Internet

„Das Internet kann man sich am besten vorstellen in dem man es mit einem Straßennetz vergleicht, das aus Landstraßen Bundesstraßen und Autobahnen besteht. Es gibt keinen Betreiber, lediglich ein Gremium, das sich um die Standardisierung bemüht und eine von (fast) allen Internet-Nutzern akzeptierte sog. „Nettikette" d.h. eine stillschweigende Vereinbarung, wie man sich im Internet verhält. Sogenannte Provider stellen Zugänge ins Internet zur Verfügung. Es gibt kein Internet-Telefonbuch, dafür aber „Gelbe Seiten" und vielfältige Branchenverzeichnisse." (Block, 2003, S. 6)

Jeder, der über einen solchen Zugang und einen PC in einer der zuvor beschriebenen Formen verfügt, kann am Internet teilnehmen. Er erhält dann seine eigene „IP-Adresse" (IP = Internet Protocol), die zum Beispiel so aussieht:

134.97.121.209

Diese langen Zahlen sind für den täglichen Gebrauch jedoch nicht nötig, sie werden in sogenannte „Domain-Namen" umgewandelt. Diese müssen jedoch eindeutig sein, das heißt sie dürfen weltweit nicht doppelt vorkommen. Dieser Umstand wird mittels eines Domain-Namen-Systems gelöst. Der am Schluss stehende Ausdruck bezeichnet dabei stets die Top-Level-Domain. Diese sagt aus, aus welchem Bereich der Internet-Nutzer stammt. „de" steht für Deutschland, „at" für Österreich, „com" weist auf gewerbliche Anbieter hin, „mil" ist ein militärischer Nutzer, „gov" kennzeichnet Regierungsseiten (Block, 2003, S. 10).

Will man das Leistungsspektrum des Internets beschreiben, wird man kein passenderes Wort finden, als „alles". Darin liegt auch die größte Gefahr des Internets: weil man zu jedem Thema - etwa mit der Suche über einen Suchdienst wie zum Beispiel www.google.at - nicht ein, sondern tausende Verknüpfungen („Links") erhält, ist auch die Gefahr groß, falsche, oder schlechte Informationen zu erhalten.

Kuhlmann und Sauter beschreiben in diesem Zusammenhang die Entwicklung der Internetnutzung. Etwa seit dem Jahr 2000 verändert sich die Arbeitsweise mit dem Internet. Davor suchten die Nutzer im Internet nach vorhandenen Webinhalten. Diese Haltung erscheint logisch, wenn man bedenkt, dass man es gewohnt war ein Buch, eine Diskette, eine CD und sonstige Medien nach vorhandenen Inhalten zu durchsuchen. Die neue Arbeitsweise zeichnet sich durch ein aktives Mitgestalten der Webinhalte aus. Die Nutzer bringen eigene Erfahrungen in das System ein und entwickeln mit den Netzwerkpartnern (mit den anderen Lernenden) ein gemeinsames Wissen (Kuhlmann & Sauter, 2008, S. 15).

4.6 Lernplattformen

Zur Nutzung der obig beschriebenen Geräte und Methoden im Unterricht ist es zweckmäßig, eine sogenannte „Lernplattform" heranzuziehen. Dabei handelt es sich um eine virtuelle Infrastruktur zur Kommunikation zwischen Lehrenden und Lernenden. Dafür gibt es derzeit eine Vielzahl an Anbietern (Blackboard, Sakai, Ilias, Dokeos oder Moodle), deren Nutzung jedoch kostenpflichtig ist.

Eine Lernplattform bietet eine „Lernumgebung", die Werkzeuge zur Erstellung, Kommunikation und Verwaltung von Lerninhalten, sowie zur Beurteilung der Lernenden enthält. Sie basiert zumeist auf dem Design von Web-Anwendungen, integriert in der Regel auch verschiedene Dienste des World Wide Web und kann so von Lehrenden und Lernenden über einen gewöhnlichen Web-Browser genutzt werden, ohne eine zusätzliche Software installieren zu müssen.

Zu diesem Zweck werden bei einer Lernplattform die Lerninhalte auf einem Server eines Anbieters installiert, betrieben und den Lernenden zur Verfügung gestellt. Dafür bedarf es eines persönlichen Logins, das bedeutet Lehrende und Lernende befinden sich in einer passwortgeschützten Umgebung (Petko, 2014, S. 144).

Da auch die Lehrenden über einen solchen Login verfügen ist eine individuelle Betreuung über E-Mail, Foren und dergleichen möglich. Diese Betreuung findet asynchron statt und ermöglicht dadurch den Lernenden eine flexible, eigenverantwortliche Nutzung - man sucht sich den Zeitpunkt aus, wann man sich in das Portal einloggt (Moriz, 2008, S. 20-21).

4.7 Lernsoftware

Mit dem Begriff Lernsoftware werden alle Computerprogramme beschrieben, die auf das Erlernen von einfachen Fähigkeiten (etwas „wissen") oder Fertigkeiten (etwas „können") bis hin zu komplexen Kompetenzen (etwas „wissen" und „können") abzielen.

Jede Lernsoftware spielt somit eine zentrale Rolle bei der Wissensvermittlung und Wissensverarbeitung. Sie kann aber darüber hinaus auch für die Selbstorganisation von Lernprozessen und sogenannte „Transferaufgaben", bei denen das gelernt Wissen auf andere Beispiele übertragen wird, eingesetzt werden (Kuhlmann & Sauter, 2008, S. 72).

Kuhlmann und Sauter unterscheiden zwischen „CBT" (Computer Based Training) und „WBT" (Web Based Training), wobei sie das reine offline stattfindende Computer-Basierte Lernen bereits als beendet sehen. Lernsoftware ist gegenwärtig so organisiert, dass mittels Online-Kommunikation laufend die Aktualität gewährleistet ist (Kuhlmann & Sauter, 2008, S. 14-15).

4.8 Methoden für elektronische Medien

Den Besonderheiten hinsichtlich der Unterrichtsmethoden bei der Verwendung von elektronischen Medien ist dieses Kapitel gewidmet. Nach einer grundlegenden Betrachtung der Kommunikationsformen zwischen den lehrenden und lernenden Teilnehmerinnen und Teilnehmern, erfolgt eine konkrete Betrachtung von didaktischen Elementen bis hin zum detailliert formulierten „Blended Learning".

4.8.1 Grundlagen

Wie Petko erläutert, können Medien aller Art folgende Elemente des Unterrichtsarrangements unterstützen:

- Bestimmung von Lernzielen
- Berücksichtigung von Lernvoraussetzungen
- Abstimmung von Lerninhalt auf Lernaufgaben und Lernzielüberprüfungen.
- Kommunikation von Lernenden mit Lehrenden

(Petko, 2014, S. 152)

Bruns und Gajewski beschreiben hierfür drei Varianten des Online Lernens, die sich hauptsächlich durch die Kommunikationsform von Lernenden und Lehrenden unterscheiden (Bruns & Gajewski, 1999, S. 38):

Open Distance Learning: Der Lehrende begegnet den Lernenden in Form eines Experten oder gegebenenfalls auch Expertenteams und steht ihnen als Person, Bibliothek, Datenbank oder Mediathek zur Verfügung. Es handelt sich hierbei um ein Selbstlernen, via dem bereits angeführten „CBT" (Computer Based Training) oder „WBT" (Web Based Training). Die Kommunikation zwischen dem Lernenden und dem oder den Lehrenden ist sehr eingeschränkt und zwischen den Lernenden untereinander, durch den Verzicht auf soziale Lernformen, gar nicht vorhanden.

Teletutoring: Der Lehrende steht über webbasierte Kommunikationstools wie E-Mail oder Chat dem Lernenden für Rückfragen zur Verfügung. Auch eine Nutzung dieser Tools für das Lernen in Gruppen ist vorgesehen.

Teleteaching: Der Lehrende steht den Lernenden während der gesamten Unterrichtszeit über webbasierte Kommunikationstools wie zum Beispiel einer Videokonferenz zur Verfügung. Der Lernende hat, analog zum Vorlesungsbetrieb an einer Hochschule, die Möglichkeit, den Lehrenden zu kontaktieren. Ein Kontakt der Teilnehmer untereinander ist hier nicht vorgesehen.

(Bruns & Gajewski, 1999, S. 38-41)

Auch bei Moriz findet sich eine Beschreibung der Kommunikation zwischen Lehrenden und Lernenden. Er unterscheidet hier folgende Betreuungsarten:

a) synchrone Betreuung: alle Teilnehmerinnen und Teilnehmer müssen gleichzeitig anwesend sein, durch die Nutzung der technischen Hilfsmittel ist dabei ein räumlicher Unterschied möglich. Beispiele sind: Chat, Audio- oder Videokonferenzen.

b) asynchrone Betreuung: alle Teilnehmerinnen und Teilnehmer sind räumlich und zeitlich getrennt. Lernende hinterlassen Fragen, die von den Lehrenden zu einem anderen Zeitpunkt und an einem anderen Ort beantwortet werden. Auch das Abrufen der Antwort findet in der Regel zu einem weiteren Zeitpunkt statt. Es tritt also eine starke zeitliche Verzögerung ein, der die zeitliche Flexibilität der Teilnehmerinnen und Teilnehmer gegenübersteht. Beispiele sind: E-Mail, Newsgroups/Foren, Schwarze Bretter/Pinnwände.

(Moriz, 2008, S. 77-80)

Aufbauend auf diese Festlegung hinsichtlich der Kommunikation der Lehrenden mit den Lernenden beschreiben Bruns und Gajewski gängige Unterrichtsmethoden und ihre Übertragung auf elektronische Medien (Bruns & Gajewski, 1999, S. 42):

4.8.2 Der Vortrag

Wie im klassischen Präsenzunterricht gibt eine Expertin, ein Experte einer großen Gruppe von Lernenden in relativ kurzer Zeit eine große Informationsmenge weiter. Dies geschieht beim zuvor beschriebenen Teleteaching „synchron" und beim Teletutoring „asynchron" (Bruns & Gajewski, 1999, S. 48-49).

4.8.3 Das Kurzreferat

Die Lernenden präsentieren ihre Ausarbeitungen in Dateiform. Die Lehrenden müssen den Schülerinnen und Schülern hierfür eine Plattform für Kommentare aller Teilnehmer zur Verfügung stellen (Bruns & Gajewski, 1999, S. 49).

Solch eine Plattform könnte eine Homepage sein, auf der man zum Beispiel eine Lernplattform betreibt. Es ist aber auch möglich, im bereits vorhandenen schulinternen Computer-Netzwerk einen Speicherplatz zur Verfügung zu stellen, zu dem alle Teilnehmenden Zugang haben. Es bedarf einer sorgfältig geplanten Zuweisung von Zugriffsrechten der Teilnehmerinnen und Teilnehmer auf diesen Speicherplatz, um unerwünschtes Löschen oder Kopieren von Lerninhalten zu verhindern.

4.8.4 Der Lehrfilm

Im Unterschied zu einer Vorführung im Klassenraum, steht unter Nutzung elektronischer Medien eine selbstständige, individuelle Nutzung der Filmdatei durch die Lernenden offen. Sie legen selbst fest, in welcher Geschwindigkeit und mit welchen Pausen sie den Film abspielen, um Zeit für Mitschriften zu haben oder einzelne Passagen zum besseren Verständnis mehrfach betrachten zu können (Bruns & Gajewski, 1999, S. 49-50).

4.8.5 Das Unterrichtsgespräch

Um in eine Gesprächssituation zwischen einem Lehrenden und einem Lernenden zu kommen, beschreiben Bruns und Gajewski die Methode „Guided Tour": eine vom Lehrenden im Vorhinein geplante Abfolge von darstellenden Elementen und Übungen. Wie beim persönlichen Gespräch ist ein Fortschritt nur möglich, wenn der Lernende das soeben besprochenen Thema positiv absolviert hat (Bruns & Gajewski, 1999, S. 50-51).

4.8.6 Die Diskussion

Die elektronische Grundlage für die Nutzung dieser Methode nach der zuvor erwähnten synchronen Betreuung ist ein „Chatroom" - sozusagen ein virtueller Konferenzraum. Alle Teilnehmenden sind zeitgleich aber ortsunabhängig „anwesend", das heißt in einer solchen Plattform eingeloggt. Jede und jeder kann am vorgegebenen Thema Mitschreiben und Mitlesen. Als Variante kann es auch separate „Chatzonen" geben, um thematischen Untergruppen eine ungestörte Diskussion zu ermöglichen (Bruns & Gajewski, 1999, S. 51-52).

4.8.7 Die Gruppenarbeit

Wie bei der klassischen Methode, soll eine Aufgabenstellung von mehreren Lehrenden gemeinsam bearbeitet werden. Je nach Aufgabenstellung sind hier alle zur Verfügung stehenden elektronischen Kommunikationsmittel (E-Mail, Telefon, Chatrooms,...) erforderlich um eine Kommunikation der Gruppenmitglieder untereinander und mit den Lehrenden zu ermöglichen (Bruns & Gajewski, 1999, S. 52-53).

4.9 Blended Learning

„Unter Blended-Learning versteht man, das nach didaktischen Gesichtspunkten zu erstellende, Arrangement von Präsenz- und E-Learningphasen, die einander unterstützen und ergänzen." (Moriz, 2008, S. 22)

Um der Aufgabe der österreichischen Berufsschule gerecht zu werden, ist reines E-Learning ohne Kontakt zu einer Lehrperson nicht denkbar. E-Learning kann nur unterstützend in den Unterricht eingebaut werden und macht ihn so zum „Blended Learning". Dieses Arrangement von Präsenz- und E-Learningphasen nennt Ojstersek „Virtualisierungsgrad" (Ojstersek, 2007, S. 22). Diesen kann es nach ihren Ausführungen in unterschiedlichen Ausprägungen geben:

a) Kick Off-Präsenzveranstaltung:

Am Beginn der E-Learning-phase steht ein gemeinsamer Termin der Lernenden mit dem Lehrenden. Je nach Gesamtdauer der E-Learningphase dauert diese Kick Off-Veranstaltung einige Stunden bis Tage. Sie dient dem persönlichen Kennenlernen, dem Bilden von Lerngruppen und dem gemeinsamen Einstieg in den Lehrstoff und die folgende Online-Lernphase.

Abbildung 1: Kick Off-Präsenzveranstaltung (Ojstersek, 2007, S. 23)

b) Abschließende Präsenzveranstaltung:

Am Ende der E-Learning-phase ist ein Termin der Lernenden mit dem Lehrenden vorgesehen, der für Präsentationen, Prüfungen, Reflexionen und dergleichen genutzt wird. In der Regel gibt es diese abschließende Präsenzveranstaltung zusätzlich zur Kick Off-Präsenzveranstaltung.

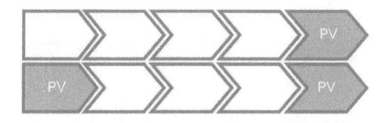

Abbildung 2: Abschließende Präsenzveranstaltung (Ojstersek, 2007, S. 23)

c) Wechsel zwischen Präsenz- und Onlinephasen:

Zwischen den Fixterminen „Kick Off" und „Abschluss" gibt es eine oder mehrere zusätzliche Präsenzphasen. Hier können beispielsweise Zwischenergebnisse virtueller Projektarbeiten präsentiert werden. Außerdem haben die Lernenden Gelegenheit zum persönlichen Austausch mit dem Lehrenden und anderen Lernenden (Ojstersek, 2007, S. 22-23).

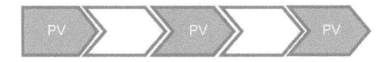

Abbildung 3: Wechsel zwischen Präsenz- und Onlinephase (Ojstersek, 2007, S. 23)

Ojstersek beschreibt auch die jeweiligen Präsenzphasen. Während Kick Off-Veranstaltungen in der Regel lehrerzentriert stattfinden, da nicht nur grundlegende Teile des Lehrstoffs, sondern auch der Ablauf der gesamten Lernphase erläutert werden müssen, können die zwischenzeitliche(n) Präsenzphase(n) und die abschließende Präsenzphase lernerzentrierte, oder teamzentrierte Lehr-/Lernformen in den Vordergrund stellen. Der gleichen Flexibilität folgend kann auch bei einer E-Learningphase eine lehrerzentrierte Lehr-/Lernform eingesetzt werden (Ojstersek, 2007, S. 42).

Ein Beispiel für solch ein Wechselspiel zeigt folgende Grafik von Ojstersek; sie bezeichnet den Lehrenden als „Tutor":

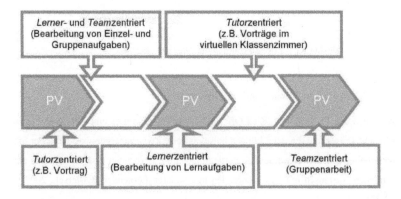

Abbildung 4: Blended Learning Szenario mit einem Mix aus Lehr-/Lernformen und Methoden (Ojstersek, 2007, S. 42)

Zusätzlich zu dieser Klassifikation findet sich auch bei Petko eine Unterscheidung von Blended Learning nach dem Virtualisierungsgrad. Er definiert drei Stufen:

Stufe 1:

Jede Stunde/Lerneinheit ist eine Präsenzveranstaltung, die Online-Angebote sind nur Ergänzungen oder Vertiefungen (z.B. Lektüre zum Download, ergänzende Lernaufträge, Online-Test,...).

Stufe 2:

Die Präsenzveranstaltungen sind so angelegt, dass sie die Online-Phasen als Vor- oder Nachbereitungszeit unbedingt benötigen. Es gibt einen direkten Bezug zwischen den Online-Phasen und den Präsenzveranstaltungen, zum Beispiel bei der Präsentation von Resultaten, Diskussionen, Vorbereitungen auf die nächste Online-Phase,...

Stufe 3:

Das Lernen findet grundsätzlich online und eigenständig statt. Die Lernenden organisieren sich untereinander (z.B. elektronische Lerntagebücher, soziale Netzwerke, Projektwikis) und arbeiten flexibel fall- und projektbasiert in Gruppen. Eine Präsenzveranstaltung muss sich nicht zwingend von der Online-Phase unterscheiden - der Präsenzcoach wird zum Online-Coach (Petko, 2014, S. 103-104).

Auch Kuhlmann und Sauter weisen auf die zentrale Bedeutung der Kommunikation der Lernenden untereinander hin. Sie sehen durch eine offene Kommunikation und gegenseitige Unterstützung eine besonders förderliche Lernkultur gewährleistet (Kuhlmann & Sauter, 2008, S. 107).

Da, wie zuvor beschrieben, an der Berufsschule keine Arbeiten von den Schülern verlangt werden, die außerhalb der Unterrichtszeit und Unterrichtsräume zu erledigen sind, dient die in dieser Arbeit untersuchte E-Learningphase nicht dem selbstständigen Arbeiten außerhalb der Schule, sondern wird in die Unterrichtszeit und Unterrichtsräume implementiert. Das Ziel dieser didaktischen Verschränkung soll das selbstständige, kompetenzorientierte Arbeiten der Schülerinnen und Schüler sein.

5 Empirischer Teil

5.1 Forschungsdesign

Welche Möglichkeiten stehen für den Einsatz digitaler Medien im Unterricht für den Lehrberuf der Bautechnischen Zeichner und Zeichnerinnen in der Landesberufsschule zur Verfügung? Gibt es für Schülerinnen und Schüler Akzeptanz für die Verwendung digitaler Medien und der entsprechenden Methoden? Zur Beantwortung dieser Fragen wurden einzelne Kapitel des AMA-Unterrichts dieser Berufsgruppe gewählt. Die Leistung und die Meinungen der Schülerinnen und Schüler wurden mittels einer Schularbeit und einem Fragebogen gemessen bzw. eingeholt und mit einer Kontrollgruppe ohne definierte digitale Medien verglichen.

5.2 Forschungsfrage

Wie kann ein Unterrichtskonzept für den Lehrberuf Bautechnische Zeichner und Zeichnerinnen an der Landesberufsschule aussehen, das auf die Verwendung von digitalen Medien aufbaut?

Zur Beantwortung dieser Frage wird der Mathematikunterricht für eine zufällig ausgewählte Gruppe einer Klasse des betrachteten Lehrberufs auf die zuvor beschriebenen Medien und Methoden abgestimmt. Danach wird dieser Unterricht mittels einer Schularbeit und eines Fragebogens evaluiert.

Die Angabe für die verwendete Schularbeit und die Fragebögen sind im Anhang nachzulesen. Aus den Ergebnissen sollen Antworten auf die folgenden Fragen abgeleitet werden:

Dimension I: Medientechnische Ausstattung der Schülerinnen und Schüler

1. Über welche Geräte verfügen die Schülerinnen und Schüler?
    a. Sind diese Geräte Privateigentum oder Arbeitsmittel ihrer jeweiligen Lehrbetriebe?

b. Sind die Schüler prinzipiell dazu bereit, diese Geräte im Unterricht zu verwenden?

Dimension II: Anwendbare Methoden

2. Welche Methoden können für konkrete Lehrinhalte des AMA-Unterrichts eingesetzt werden?

Dimension III: Leistungsmessung

3. Welche Ergebnisse liefert die Schularbeit für unterschiedlich arbeitende Gruppen?

   a. Gruppe 1: traditioneller Präsenzunterricht

   b. Gruppe 2: computerunterstützter Unterricht

Dimension IV: Akzeptanz

4. Wie beurteilen die Schülerinnen und Schüler ihre Erfahrungen?

5.3 Messinstrumente

Um den in dieser Arbeit beschriebenen pädagogischen Einsatz von elektronischen Medien und darauf abgestimmten Methoden wissenschaftlich auswertbar zu testen, wurde eine zufällig gewählte Schulklasse in zwei Gruppen geteilt, die ebenfalls zufällig gewählte Kapitel des Mathematikunterrichts mit dem Lehrer bzw. mit dem Computer zu erarbeiten hatten. Für den in dieser Arbeit beschriebenen Versuch wurde den Schülerinnen und Schülern die EDV-Ausstattung der Landesberufsschule zur Verfügung gestellt.

Die persönliche Ausstattung der Schülerinnen und Schüler mit elektronischen Medien und die Sichtweise der betroffenen Schülerinnen und Schüler wurde mit Fragebögen eingeholt. Der deutsche Soziologe Helmut Kromrey beschreibt die Befragung als eine der zentralen Datenerhebungsmethoden in der empirischen Sozialforschung und als am weitesten entwickelt (Kromrey, 2002, S. 348). Dabei war das Ziel „die eigentlich interessierenden Forschungsfragestellungen in konkret erfragbare Informationen zu transformieren" (Kromrey, 2002, S. 360). Wobei den von Kromrey aufgestellten Grundsätzen der Frageformulierung besondere Bedeutung zukommt:

1) einfache Frageformulierung

2) eindeutige Frageformulierung mit spezifiziertem Genauigkeitsgrad

3) keine Überforderung des Befragten (Rücksicht auf seinen Wissensstand)

4) keine Suggestivfragen (zum Beispiel durch Nennung einer Antwortalternative)

Die praktische Anwendung der in dieser Arbeit beschriebenen elektronischen Medien endete mit dem gesetzlich vorgesehenen Instrument der Leistungsmessung – einer Schularbeit. Diese wurde von der Testgruppe und der Kontrollgruppe gemeinsam durchgeführt. Die Ergebnisse wurden statistisch ausgewertet und grafisch verglichen.

5.4 Medien und Methoden

Die Methode, die in der computergestützten Gruppe zur Anwendung kam, entsprach dem unter Punkt 4.9 beschriebenen „Blended Learning". Der Präsenzteil des Lehrers beschränkte sich in dieser Gruppe auf das Nötigste, da vor allem die Vergleichsgruppe durch den Lehrer betreut wurde. So gab es für die computergestützte Gruppe eine Einführung („Kick Off-Präsenzveranstaltung") und danach alle Unterrichtseinheiten als E-Learning-Phase. Der Lehrer stand den Schülerinnen und Schüler in dieser Phase auf elektronischem Weg über die offizielle E-Mailadresse der Landesberufsschule zur Verfügung.

Die weiteren Arbeitsschritte, die auf elektronischem Weg über das schulinterne Computernetzwerk ausgegeben wurden, sollten von den Schülern selbstständig erledigt werden. Hilfestellungen waren allesamt in den vorgegebenen Projektordnern des schulinternen Netzwerks abrufbar, weiters stand das Internet unbeschränkt zur Nutzung zur Verfügung. Und, gemäß der in Kapitel 4.9 dargelegten Beschreibung von Kuhlmann und Sauter, wurde dem Austausch der Lernenden untereinander ein hoher Stellenwert zugeordnet.

Von den Schülern wurde somit eine selbstständige Nutzung der vorbereiteten Arbeitsumgebung erwartet, was der unter Punkt 3.2 beschriebenen „Kompetenzorientierung" entspricht.

5.5 Ergebnisse

5.5.1 Dimension I: Medientechnische Ausstattung der Schülerinnen und Schüler

Grundsätzlich stehen den Schülerinnen und Schülern an der Landesberufsschule Stand-PC´s in insgesamt fünf Computerräumen zur Verfügung. Als Lehrerin oder Lehrer ist man also darauf angewiesen, dass gerade einer dieser PC-Räume frei ist, wenn man „Blended" unterrichten möchte. Für einen flexibleren Einsatz dieser Unterrichtsmethode wurde somit die Verfügbarkeit elektronischer Geräte bei den Schülerinnen und Schülern untersucht.

Befragt wurden 38 Schülerinnen und Schüler im Herbst 2014. Davon waren 50% Frauen und 50% Männer. Für die Berufsgruppe der Bautechnischen Zeichner und Zeichnerinnen ist dies ein dem langjährigen Durchschnitt entsprechender Wert. Das Alter lag zwischen 17 und 32 Jahren. Diese Spreizung ist ebenfalls typisch für diese Berufsgruppe, da sich oftmals Menschen mit einer bereits abgeschlossenen Berufsausbildung für diesen Beruf als Zusatzqualifikation oder „Neubeginn" entscheiden.

Gefragt wurde nach dem Besitz der gängigsten Versionen von elektronischen Hilfsmitteln für die Datenverarbeitung: Handy, Tablet und Notebook. Weiters wurden diese Geräte hinsichtlich ihrer Betriebssysteme unterschieden, da dies für die eventuelle Einbindung in ein schulinternes Computer-Netzwerk von Bedeutung ist. Schlussendlich wurde auch abgefragt, ob die Schülerinnen und Schüler bereit sind, diese Geräte in die Schule mitzubringen und im Unterricht zu verwenden.

100% der Befragten gaben an, über ein privates „Smartphone" zu verfügen. 5% der Schülerinnen und Schüler verfügten laut dieser Befragung zusätzlich über ein Firmenhandy. Das häufigste Betriebssystem war mit einem Anteil von 61% Android von Google. Während Apple mit seinem Betriebssystem „iOS" noch ein knappes Drittel der Schülerinnen und Schüler erreicht, sind Windows und andere Hersteller nur minimal vertreten. Alle Schüler gaben an, bereit zu sein, ihre Smartphones auch für die Unterrichtsarbeit zu verwenden.

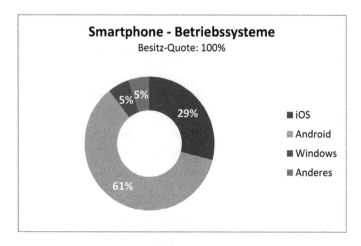

Abbildung 5: Umfrageergebnis Smartphones

Tablets waren nur bei weniger als einem Fünftel der befragten Schülerinnen und Schüler Teil der elektronischen Ausstattung. Diese waren durchwegs im privaten Eigentum der Schülerinnen und Schüler und wurden nicht für die Arbeit im Lehrbetrieb verwendet. Auch hier war das vorherrschende Betriebssystem Android von Google. Die Bereitschaft das Gerät im Unterricht zu verwenden, war bei allen Besitzerinnen und Besitzern eines solchen Geräts gegeben.

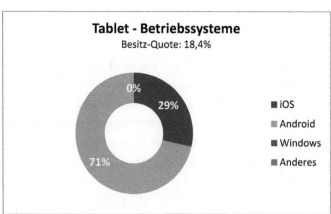

Abbildung 6: Umfrageergebnis Tablets

Die Frage nach dem Besitz eines Notebooks ergab eine Verfügbarkeitsquote von über 80%. Diese arbeiteten zu 91% mit dem Windows-Betriebssystem und waren zu 97% im privaten Besitz der Schüler und nur zu 3% Arbeitsmittel des Lehrbetriebs.

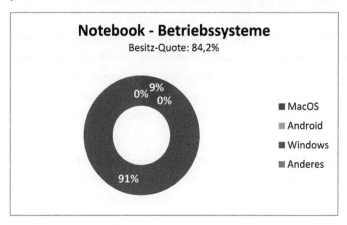

Abbildung 7: Umfrageergebnis Notebooks

Bei den Notebooks wurden noch zwei weitere Eigenschaften abgefragt, die für den Einsatz im Unterricht von Bedeutung sind. Zum einen war dies die W-LAN-Tauglichkeit der Geräte, die zu 100% mit „Ja" beantwortet wurde. Zum anderen wurde nach dem Gewicht der Geräte gefragt, da dies hinsichtlich des täglichen Transports zur und von der Schule von Interesse erscheint.

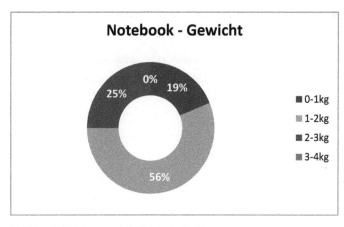

Abbildung 8: Umgfrageergebnis Notebook-Gewicht

Die Umfrage ergab, dass mit 56% die Mehrheit aller Notebooks zwischen einem und zwei kg auf die Waage bringt. 19% der Notebooks sind leichter und 25% schwerer, wobei laut den Angaben der Schülerinnen und Schüler die 3kg-Marke nicht überschritten wird.

Mit 28% war beinahe ein Drittel der Notebook-Besitzerinnen und Besitzer nicht bereit, dieses Gerät im Unterricht zu verwenden. Eine detaillierte Auswertung ergab hier, dass dies alle Schülerinnen und Schüler angegeben hatten, deren Notebook schwerer als 2kg war. Im Gegensatz dazu waren alle befragten Besitzerinnen und Besitzer eines Notebooks mit weniger als einem kg Gewicht dazu bereit, dieses in den Unterricht mitzubringen.

Als Ergebnis dieser Umfrage kann festgestellt werden, dass Smartphones jederzeit in den Unterricht einbezogen werden können. Es ist davon auszugehen, dass stets alle Schülerinnen und Schüler über solch ein Gerät verfügen und bereit sind, es im Unterricht zu verwenden. Aufgrund der eingeschränkten Bildschirmgröße dieser Geräte lassen sich mit diesen Geräten jedoch nicht alle Anwendungsmöglichkeiten für die Unterrichtsarbeit durchführen.

Möchte man die Schülerinnen und Schüler lieber an einem Gerät mit einem größeren Display arbeiten lassen, müsste man sie bitten, ihre Notebooks mitzubringen, da die Verfügbarkeit der kleineren und leichteren Tablets (noch) zu gering ist. Aber auch bei den Notebooks ist für einen funktionierenden Einsatz mit einer zu geringen Anzahl an Geräten zu rechnen. Zum einen hat mehr als ein Fünftel der Schülerinnen und Schüler gar kein solches Gerät und zum anderen sind diese Geräte den Schülern offenbar teilweise zu schwer um sie täglich in die Schule mitzubringen.

Die derzeitige Situation bestätigt also die Sinnhaftigkeit sämtlicher Schüler-PC's und PC-Räume in der Berufsschule, da die Schülerinnen und Schüler noch nicht ausreichend mit den mobilen Versionen dieser Geräte versorgt sind.

5.5.2 Dimension II: Anwendbare Methoden

Nachfolgend werden die Lehrstoffthemen vorgestellt und die Methoden beschrieben, mit denen diese Themen bearbeitet wurden.

Das Stoffgebiet für die untersuchte dritte Klasse der Bautechnischen Zeichnerinnen und Zeichner umfasste:

o Stiegenberechnung:

   Die Schüler berechnen unter Beachtung der Baugesetze alle Abmessungen von Stiegen und damit verbundenen Bauteilen (Stufenhöhe und -breite, Lauflänge, Öffnungslänge, Geschosshöhe,...).

o Gefälleberechnung:

   Die Schüler ermitteln Gefälleangaben oder auf Gefälleangaben beruhende Bauteilabmessungen.

o Trigonometrische Berechnungen:

   Die Schüler wenden die Winkelfunktionen rechtwinkeliger und allgemeiner Dreiecke zur Ermittlung von Bauteilabmessungen, oder Feldmaßen an.

o Hauptaufgaben der Vermessung:

   Die Schüler berechnen die Koordinaten von allen Arten von Vermessungspunkten beziehungsweise ermitteln Absteckdaten koordinativ bekannter Punkte.

o Fundamentberechnung:

   Die Schüler dimensionieren Fundamentgrößen unter Beachtung von Lastangaben und Bodenarten.

Wie bereits in der Beschreibung des Berufsbildes unter Kapitel 2 und der Beschreibung der gegenwärtigen Unterrichtssituation unter Kapitel 3.1 dargelegt, kommen die Schülerinnen und Schüler mit unterschiedlichen Berufserfahrungen in die Berufsschule. Somit ist ihr Vorwissen über die oben angeführten Themengebiete sehr heterogen. Bei der Entwicklung der einzelnen Unterrichtsstunden war dieser Umstand bei der „Blended-Learning-Gruppe" sehr einfach zu berücksichtigen, da die Lernenden selbstständig bestimmten wie lange sie sich einem bestimmten Thema widmeten. Bei der Vergleichsgruppe hingegen führte dieser Umstand oftmals zu Problemen. Schülerinnen und Schüler mit großem Vorwissen in einzelnen Bereichen mussten entweder pädagogische „Leerzeiten" in Kauf nehmen, in denen sie auf den Rest der Klasse warten mussten, oder sie mussten mit Extraaufgaben versorgt werden, die dann aber nicht an alle Schülerinnen und Schüler ausgegeben werden konnten.

Das Blended Learning wurde dabei, wie bereits erwähnt, so organisiert, dass es nach einer Kick Off-Präsenzveranstaltung nahezu keine Präsenzphasen mehr gab, da der Lehrer zeitgleich die Vergleichsgruppe im Klassenzimmer betreute.

Entsprechend den unter Kapitel 4.6 beschriebenen Methoden und der unter Kapitel 3.1 beschriebenen Kompetenzorientierung gab es für die computerunterstützte Gruppe beispielsweise folgende Aufgaben:

Vortrag:

Grundlegende Informationen wurden den Teilnehmerinnen und Teilnehmern auf kurzgefassten Info-Blättern zur Verfügung gestellt. Es war den Schülern freigestellt, diese Blätter auszudrucken, oder nur am Bildschirm zu lesen.

Als Variante zum reinen „Informations-Input" wurden den Gruppenmitgliedern auch teilweise Lückentexte der Vergleichsgruppe ausgegeben. Während diese in der Präsenzunterrichtsgruppe gemeinsam mit dem Lehrer ausgefüllt wurden, mussten die Mitglieder der Blended-Learning-Gruppe diese eigenständig fertigstellen, wobei sie in Eigenverantwortung das Internet als Informationsquelle hinzuziehen durften.

Kurzreferat:

Den Teilnehmerinnen und Teilnehmern wurden mehrfach Übungsaufgaben im Schulnetzwerk bereitgestellt. Diese mussten von Ihnen ausgedruckt und nachvollziehbar und präsentationstauglich gelöst werden. In weiterer Folge waren die Schülerinnen und Schülern aufgefordert, diese Lösungen einzuscannen und auf einem vorbereiteten Speicherplatz im schulinternen Computernetzwerk den übrigen Teilnehmern zur Verfügung zu stellen. Alternativ waren auch mittels MS-Office-Programmen wie Word und Powerpoint Dateien zu erstellen.

Lehrfilm:

Zur Erläuterung verschiedener Rechenvorgänge, wie zum Beispiel der Winkelfunktionen, dienten der Blended-Learning-Gruppe Filme, die vom Lehrer auf dem zuvor festgelegten Speicherort im Schul-Netzwerk vorbereitet wurden. Ursprünglich stammen diese Filme von der Videoplattform „youtube". So wurde der Film über die Winkelfunktionen (sinus, cosinus und tangens) im Dezember 2014 unter http://youtu.be/e5JnVyZscr4 heruntergeladen.

Es war den Schülerinnen und Schülern freigestellt, ob sie sich solch einen Film gemeinsam als Gruppe oder einzeln ansahen.

Gruppenarbeit:

Um den Schülerinnen und Schülern das weite Spektrum der Anwendungsfälle der Stiegen-Berechnung zu zeigen, wurden am Server unterschiedliche Aufgabenstellungen bereitgestellt, die sie in einer Gruppenarbeit zu lösen hatten. Die Gruppeneinteilung wurde vom Lehrer zufällig bestimmt und ebenfalls am Server abgelegt. Zu einer zuvor festgelegten Zeit war das Ergebnis mittels E-Mail dem Lehrer zu übermitteln und nach einem positiven Feedback musste es den übrigen Gruppenmitgliedern präsentiert werden.

Zusätzlich zu den laufend am Server für die Schülerinnen und Schüler vorbereiteten Aufgabenstellungen, gab es den E-Mail-Kontakt. Dieser wurde genützt, um Ergebnisse zu vergleichen, Fragen zu stellen und inhaltliche und terminliche Absprachen zu treffen. Zur besseren Kommunikation konnten die Lernenden ihre Berechnungen als Attachement zur Fehlersuche an das E-Mail anhängen. Diese Attachements entstanden größtenteils aus mittels Smartphones gemachten Fotos.

Auf die Beantwortung persönlicher Fragen aus beiden Gruppen außerhalb der Unterrichtsstunden wurde seitens des Lehrers verzichtet, um das Messergebnis auf die Zeit in der jeweiligen, unterschiedlich abgehaltenen, Unterrichtsmethode zu beschränken.

Die Vergleichsgruppe rechnete für denselben Lehrstoff mit dem Lehrer gemeinsam an der Tafel bzw. selbstständig anhand zuvor erlernter Rechentechniken. Der Lehrer war dabei ständig präsent und gab jeden Schritt in der Erarbeitung des Lehrstoffs vor. Die

Nutzung von Handys wurde - entsprechend der Hausordnung der Landesberufsschule - untersagt.

5.5.3 Dimension III: Leistungsmessung

Die in beiden Gruppen durchgeführte Schularbeit brachte folgendes Ergebnis:

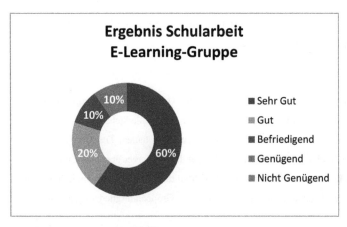

Abbildung 9: Ergebnis Schularbeit Gruppe 1

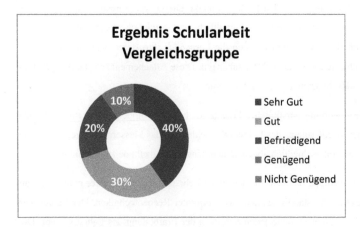

Abbildung 10: Ergebnis Schularbeit Gruppe 2

In beiden Gruppen erreichten alle Schülerinnen und Schüler eine positive Beurteilung, wobei die Noten in beiden Gruppen annähernd gleich verteilt waren:

Es gab insgesamt zwei Genügend, drei Befriedigend, fünf Gut und zehn Sehr Gut. Somit erreichte die Hälfte aller Schülerinnen und Schüler dieser Klasse die Bestnote. Bei der differenzierten Betrachtung der beiden Gruppen ergibt sich ein höherer Sehr Gut-Anteil für die Gruppe, die den Lehrstoff mittels der, in dieser Arbeit beschriebenen, „Blended Learning"-Methode erarbeitet hat.

5.5.4   Dimension IV: Akzeptanz

Wie Stockmann ausführt, ist die oben beschriebene Auflistung der Schularbeitsnoten zwar eine überprüfbare „Zielerreichung", aber nur ein Teil der Aufgaben einer Evaluation. Um auch den Ablaufprozess beobachten zu können, ist zu eruieren, ob die Maßnahmen bei den Schülerinnen und Schülern Akzeptanz finden und wie die einzelnen Innovationen empfunden werden (Stockmann, 2004, S. 27-28).

Daher wurde in der betreffenden Schulklasse zu Lehrgangsende ein Fragebogen ausgegeben. Befragt wurden 20 Schülerinnen und Schüler im Winter 2014/15. Davon waren 50% Frauen und 50% Männer. Das Alter lag zwischen 17 und 23 Jahren.

Der Fragebogen zu Lehrgangsende ergab folgende Beobachtungen:

„Wie haben Sie den Unterricht empfunden?"

55% der Schülerinnen und Schüler empfanden den Unterricht als „einfach", nur 10% als „schwierig". Die restlichen 35% beurteilten den Schwierigkeitsgrad „neutral".

Betrachtet man die beiden Gruppen getrennt, ergibt sich, dass vor allem die mit der herkömmlichen, gewohnten Unterrichtsmethode konfrontierte Gruppe den Schwierigkeitsgrad mit „einfach" beurteilte (70%), bzw. die Beschreibung „schwierig" komplett verneinte (0%). Die selbstständig im PC-Raum arbeitende Gruppe bewertete den Unterricht zu 20% als „schwierig" und zu 40% als „einfach".

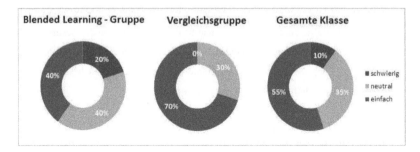

Abbildung 11: Umfrageergebnis zu "Wie haben Sie den Unterricht empfunden?"

„Waren Sie mit dem Lehrstoff bereits vertraut, oder war er für Sie neu?"

Zur Feststellung der bereits mehrfach erwähnten Heterogenität der Schülerinnen und Schüler hinsichtlich ihrer Vorkenntnisse über die Themengebiete des Lehrstoffs, wurden diese gebeten, zu jedem einzelnen Thema bekanntzugeben, ob sie damit bereits vertraut, teilweise vertraut oder nicht vertraut waren.

Das Ergebnis wies für die Themen Stiegenberechnung und Gefälleberechnung mit jeweils über 60% „Vertrautheitsgrad" die höchsten Werte aus. Am wenigsten vertraut waren die Schülerinnen und Schüler mit den Hauptaufgaben der Vermessung (von 70% als „neu" bewertet) und der Fundamentberechnung (von 55% als „neu" bewertet). Dieses Umfrageergebnis deckte sich auch mit dem Ergebnis der Schularbeit, bei der in den „bekannten" Themen Stiegenberechnung und Gefälleberechnung die höchsten Punktezahlen erzielt wurden und in den „neuen" Themen Vermessung und Fundamentberechnung die geringeren.

Die nachfolgende Grafik über das Ergebnis dieser Fragestellung zeigt deutlich, dass es keine einheitlichen Vorkenntnisse der Schüler aus den zuvor besuchten Berufsschulklassen bzw. ihrer Arbeit im Lehrbetrieb gibt. Jedes Thema der betrachteten Schulklasse war einem Viertel bis einem Drittel der Schülerinnen und Schüler teilweise vertraut.

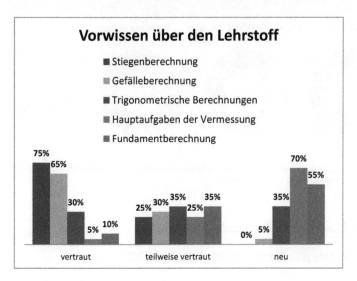

Abbildung 12: Umfrageergebnis zu "Waren Sie mit dem Lehrstoff bereits vertraut oder war er für Sie neu?"

„Arbeiten Sie lieber selbstständig-alleine, selbstständig-in der Gruppe oder unter Anleitung des Lehrers?"

Der Arbeitsweise im Blended Learning-Unterricht war die nächste Frage gewidmet. Von den Befragten gaben 10% an, es zu bevorzugen unter Anleitung eines Lehrers bzw. einer Lehrerin zu arbeiten. Ansonsten gab es ein sehr hohes Votum für das selbstständige Arbeiten, wobei es, wenn man das Ergebnis der ganzen Klasse betrachtet, keinen Unterschied machte, ob die selbstständige Arbeit als Einzel- oder Gruppenarbeit geschah.

Betrachtet man das Ergebnis der beiden untersuchten Gruppen im Einzelnen, sieht man, dass in der Blended-Learning-Gruppe mehrheitlich der Einzelarbeit der Vorzug gegeben wurde und in der Vergleichsgruppe der Gruppenarbeit.

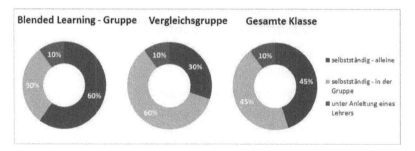

Abbildung 13: Umfrageergebnis zu: "Arbeiten Sie lieber selbstständig-alleine, selbstständig-in der Gruppe, oder unter Anleitung eines Lehrers?"

__„Stellen Sie Fragen lieber mündlich oder schriftlich?"__

__„Erhalten Sie Antworten lieber mündlich oder schriftlich?"__

Auch diese beiden Fragen waren der Arbeitsweise im Blended Learning-Unterricht gewidmet, da der Kontakt zur Lehrperson in der Blended Learning-Gruppe großteils via E-Mail stattgefunden hat.

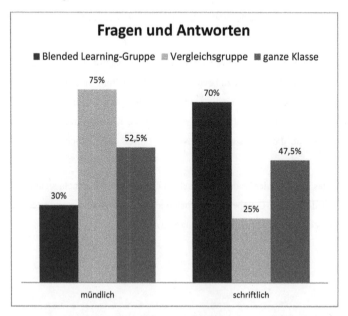

Abbildung 14: Umfrageergebnis zu "Stellen Sie Fragen lieber mündlich oder schriftlich?" und "Erhalten Sie Antworten lieber mündlich oder schriftlich?"

Es zeigte sich, dass die Teilnehmer der Blended Learning-Gruppe die schriftliche Arbeitsweise mehrheitlich (70% für „schriftlich") bevorzugen. Die Vergleichsgruppe beantwortete diese Frage genau gegenteilig (75% für „mündlich"). Betrachtet man das Ergebnis der ganzen Klasse, ergibt sich somit ein ausgewogenes Verhältnis von 52,5%, die eine mündliche Kommunikation bevorzugen, zu 47,5%, die bevorzugt schriftlich kommunizieren.

„Haben Sie vorwiegend im Unterricht oder zu Hause gelernt?"

Um abschätzen zu können, ob die Arbeit im Unterricht für den Schulerfolg ausreichend war, wurde gefragt, ob die Schülerinnen und Schüler den Ort des Lernens eher zu Hause oder in der Schule im Unterricht sehen. Das Ergebnis zeigt in beiden Gruppen eine überwiegende Mehrheit, die offenbar zu Hause nicht mehr zusätzlich lernen musste. Ein Viertel der Klasse musste laut dieser Umfrage vorwiegend zu Hause lernen. In der Blended Learning Gruppe ist der Anteil der Schülerinnen und Schüler, die zu Hause lernten, geringfügig höher als in der Vergleichsgruppe.

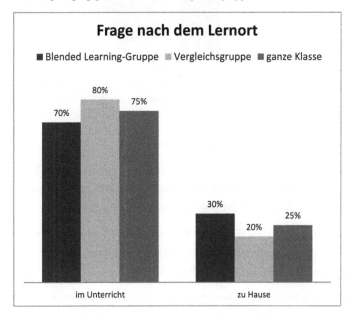

Abbildung 15: Umfrageergebnis zu: "Haben Sie vorwiegend im Unterricht oder zu Hause gelernt?"

„Haben Sie Nachhilfe in Anspruch genommen?"

Auch die letzte Frage hatte das Ziel, abschätzen zu können, ob die Arbeit im Unterricht für den Schulerfolg ausreichend war. Das Ergebnis zeigt, dass nur 10% der Schülerinnen und Schüler einen Nachhilfelehrer bzw. eine Nachhilfelehrerin hatten.

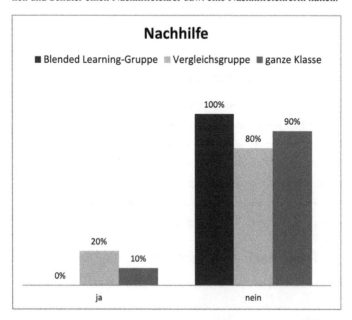

Abbildung 16: Umfrageergebnis zu "Haben Sie Nachhilfe in Anspruch genommen?"

Zusammenfassend kann somit folgendes festgestellt werden:

- Der Blended-Learning-Unterricht wurde teilweise als „schwierig" empfunden. Da die Vergleichsgruppe denselben Lehrstoff auf herkömmliche Art bearbeitet hat, ist anzunehmen, dass diese Einschätzung auf der ungewohnten Arbeitsweise beruht.

- Das Vorwissen über den Lehrstoff war sehr heterogen verteilt. Ausgehend von den unter Punkt 5.5.3 dokumentierten Ergebnissen der Schularbeit, konnte dieser Umstand in der Blended Learning-Gruppe besser ausgeglichen werden.

- Der Umstand, dass jedes Thema der betrachteten Schulklasse einem Viertel bis einem Drittel der Schülerinnen und Schüler teilweise vertraut war, ist für die Vorbereitung auf den Unterricht insofern wichtig, als man es offenbar nie mit einem Lehrstoff zu tun hat, der einer gesamten Schulklasse neu ist. Man muss also Strategien entwickeln dieses Viertel bzw. Drittel nicht zu langweilen, obwohl für drei Viertel bzw. zwei Drittel der Schulklasse neue Inhalte erläutert werden müssen.

- Die Schülerinnen und Schüler arbeiten grundsätzlich nicht gerne unter der Anleitung eines Lehrers, sondern bevorzugen selbstständige Arbeit.

- Die Befragten akzeptieren die möglichen Kommunikationsformen, das heißt im Präsenzunterricht nutzen sie die Möglichkeit der mündlichen Fragen, im Blended-Learning -Unterricht konnten sie überwiegend nur schriftliche Fragestellungen verfassen, was sie auch in ausreichendem Maß taten, ohne darin ein Hindernis zu sehen.

- Der untersuchte Mathematik-Unterricht reichte zur Vermittlung des Lehrstoffs aus, weder in der Blended-Learning-Gruppe, noch in der Vergleichsgruppe war es zwingend nötig, zu Hause zu lernen oder Nachhilfe in Anspruch nehmen zu müssen.

6 Zusammenfassung

Die ersten Kapitel dieser Arbeit stützen sich auf ein umfangreiches Literaturstudium und klären über das beschriebene Berufsbild der Bautechnischen Zeichnerinnen und Zeichner, die Aufgabe der Berufsschule für diesen Lehrberuf und die für diesen Beruf interessanten elektronischen Medien auf.

Das umfangreiche Arbeitsgebiet der bautechnischen Zeichnerinnen und Zeichner wird erläutert und führt zum Thema der Arbeit: der Einsatz der Arbeitsmittel dieses Lehrberufs als Unterrichtsmittel. Hierbei handelt es sich um keine neue Idee und auch keine, die nur in diesem Lehrberuf möglich wäre - vielmehr kann man, gestützt auf umfangreiche Forschungsergebnisse, die allgemeinen Erkenntnisse zur Einbindung elektronischer Medien in die Unterrichtsarbeit zur Anwendung für diesen speziellen Lehrberuf heranziehen.

Des Weiteren wurde auf die Kompetenzorientierung der Unterrichtsarbeit in Österreich hingewiesen, die den Bautechnischen Zeichnerinnen und Zeichnern hinsichtlich ihres breit gefächerten Aufgabengebiets besonders entspricht. Das im Berufsleben erforderliche selbstständige Denken beim Lösen von Problemen, das Zusammenarbeiten mit den jeweils erforderlichen Fachleuten und die optimale Nutzung eines Online-Arbeitsplatzes lässt sich in der Berufsschule trainieren.

Einer Betrachtung der wichtigsten mobilen elektronischen Medien, Mobiltelefon, Laptop und Tablet, folgt eine Auseinandersetzung mit dem Grundgerüst der weltweiten Datenvernetzung: dem Internet. Hierbei tritt zutage, dass sich die Internetnutzung verändert - früher suchte man im Internet bloß wie in einem Buch - heute gestaltet man die World Wide Web-Inhalte aktiv mit.

In weiterer Folge befasst sich diese Arbeit mit den Möglichkeiten das Internet und die elektronischen Medien in die Unterrichtsarbeit einzubinden. Lernplattformen nutzen das Internet und ermöglichen ortsunabhängiges Lernen mit vielfältigen Kommunikationsmöglichkeiten der Lernenden untereinander und mit den Lehrenden. Lernsoftware nutzt die elektronischen Geräte und ermöglicht individuelle Lernfortschritte.

Verwendet man nun statt dem Schulbuch und dem Schulheft den PC, das Mobiltelefon oder einen Laptop für den Unterricht ist es erforderlich die gängigen Unterrichtsmethoden entsprechend anzupassen. Ein Vortrag findet dann nicht mehr im Klassenzimmer, sondern am Bildschirm statt - mit dem Vorteil zeitlicher Flexibilität hinsichtlich Start, Pausen, Geschwindigkeit und Ende einer solchen Veranstaltung. Ein Kurzreferat kann in aller Ruhe schriftlich kommentiert und ein Lehrfilm mehrfach betrachtet werden. Die Diskussionsbeiträge von Diskussionen können gelesen und gespeichert werden - ein Überhören eventuell wichtiger oder interessanter Beiträge ist nicht mehr möglich. Gruppenarbeiten können wirklichkeitsnah, projektbezogen durchgeführt werden, da man alle in der realen Berufswelt auch üblichen Kommunikationsmittel nutzt.

Kombiniert man nun diese Methoden und Medien mit der herkömmlichen Form des Präsenzunterrichts, erhält man eine Mischform - das sogenannte „Blended Learning". Eine offensichtlich für die Bautechnischen Zeichnerinnen und Zeichner interessante Form für die Unterrichtsgestaltung: neben dem persönlichen Kontakt zur Lehrperson wird auch intensiv die selbstständige Nutzung einer modernen Büroaustattung trainiert.

Diese Art von Unterricht wurde daraufhin in einer dritten Klasse dieses Lehrberufs durchgeführt, wobei auch eine Vergleichsgruppe mit herkömmlichem Präsenzunterricht betrachtet wurde. Das Ergebnis zeigte ein geringfügig besseres Abschneiden der Blended Learning-Gruppe bei einer Schularbeit, eine hohe Akzeptanz des selbstständigen Arbeitens und ein optimales Zeitmanagement bei den eigenständig arbeitenden Teilnehmern der Blended Learning-Gruppe: niemand musste hier Freizeit für Nachhilfe investieren, die Unterrichtszeit reichte zur Bewältigung des Lehrstoffs aus.

7 Resümee und Ausblick

Die Ausarbeitung dieser Arbeit hat meine Ansicht, dass die elektronischen Medien einen wertvollen Beitrag zur Unterrichtsgestaltung im Lehrberuf der Bautechnischen Zeichnerinnen und Zeichner leisten können, bestätigt. Sowohl in der Beschreibung des Berufsbildes, als auch in der geforderten Kompetenzorientierung der Lehrziele findet sich die Zielsetzung einer selbstständigen Arbeitsweise, die dazu befähigt, berufliche Probleme lösen zu können. Meiner Ansicht nach, lassen sich durch Blended Learning Aufgabenstellungen konstruieren, die diese Fähigkeiten trainieren.

Während ich beim Großteil meines Literaturstudiums für diese Arbeit auf E-Learning in Hinblick auf schulunabhängiges Lernen von Zuhause stieß, musste ich ein Konzept für eine Berufsschule mit Anwesenheitspflicht entwickeln. Dies war jedoch insofern einfach umsetzbar, als ich darauf verzichten konnte, eine Homepage zu erstellen, oder eine kostenpflichtige Lernplattform zu betreiben. Alle Informationen, die ich als grundlegend erachtet habe, wurden im schulinternen Netzwerk gespeichert, das Internet war nur als Zusatzquelle vorgesehen.

Meine persönlichen Erfahrungen als Lehrer bei der Durchführung des in dieser Arbeit beschriebenen Blended Learning-Unterrichts zeigten, dass die Vorbereitungen der E-Learning-Phasen für den Blended Learning-Unterricht mit ungleich mehr Aufwand verbunden waren, als die Vorbereitungen für die Vergleichsgruppe. Ich musste vorhandene Lernunterlagen komplett neu aufbereiten, damit sie auch ohne meine Anwesenheit für Rückfragen und Erläuterungen von den Lernenden als verständliche Grundlagen verwendet werden konnten.

Der Betreuungsaufwand bei der betrachteten Gruppe war jedoch geringer. Vor allem konnte die problematische Ausgangssituation des heterogenen Vorwissens sehr einfach gelöst werden, da die Lernenden selbst bestimmen konnten, wieviel Zeit sie den einzelnen Themengebieten widmeten.

Der Aufwand für die Korrekturen der von den Schülerinnen und Schülern gelösten Aufgabenstellungen war in beiden Gruppen in etwa gleich hoch, wenn auch zeitlich versetzt. Die Arbeiten der mit reinem Präsenzunterricht betreuten Lehrlinge konnten in den jeweiligen Unterrichtsstunden beurteilt werden, die Arbeiten der Blended Learning-

Gruppe musste ich außerhalb der Unterrichtszeit begutachten, damit den Schülerinnen und Schülern zur jeweils folgenden Onlinephase mein Feedback zur Verfügung stand.

Ich kann nach Erstellung der Unterlagen für die Blended Learning-Gruppe jedoch erwarten, dass die im Schulnetz vorbereiteten Unterlagen in kommenden Unterrichtsstunden wieder als Arbeitsgrundlage verwendet werden können. Der Betreuungsaufwand für künftige Schulklassen ist im Vorhinein nicht abschätzbar, da er vom, in dieser Berufsgruppe sehr ausgeprägt heterogenen Vorwissen der Schülerinnen und Schüler abhängt. Der Korrekturaufwand kann jedoch abgeschätzt werden - er wird in etwa gleich bleiben, könnte durch tiefergreifende Nutzungen von Computersoftware teilweise automatisiert werden.

Nach privaten, in dieser Arbeit nicht dokumentierten Gesprächen mit den teilnehmenden Schülerinnen und Schülern, kann ich feststellen, dass die Unterrichtsmethode Blended Learning nicht für alle gleich attraktiv ist. Wer das Arbeiten unter ständiger Anleitung einer Lehrerin oder eines Lehrers bevorzugt, ist in dieser Unterrichtsmethode sicher nicht gut aufgehoben. Jene Lehrlinge jedoch, die es zum Beispiel durch ihren Arbeitsalltag im Lehrbetrieb gewohnt sind, ihre Aufgaben eigenständig zu erledigen, waren erfreut über die Möglichkeiten, die sie in diesen Stunden hatten.

8 Literaturverzeichnis

Beyer, T., Dahmlos, H. J., Eichelberger, K., Golger, P., Morhard, M., Traeder, H., & Werdan, K. (2003). *Bauzeichnen*. (H. J. Dahmlos, Hrsg.) Troisdorf: Bildungsverlag EINS.

Block, C. H. (2003). *Das Intranet*. Renningen: expert verlag.

Bruns, B., & Gajewski, P. (1999). *Multimediales Lernen im Netz*. Heidelberg: Springer-Verlag.

Bundesminister für Wirtschaft und Arbeit. (2007). *Verordnung des Bundesministers für Wirtschaft und Arbeit über die Berufsausbildung im Lehrberuf Bautechnischer Zeichner/Bautechnische Zeichnerin (Bautechnischer Zeichner/Bautechnische Zeichnerin-Ausbildungsordnung)*. Verfügbar unter: https://www.ris.bka.gv.at/Dokumente/BgblAuth/BGBLA_2007_II_191/BGBLA _2007_II_191.pdf [16.02.2015].

Bundesminister für wirtschaftliche Angelegenheiten. (1997). *Verordnung des Bundesministers für wirtschaftliche Angelegenheiten über die Ausbildung in Lehrberufen in verkürzter Lehrzeit*. Verfügbar unter: https://www.ris.bka.gv.at/Dokumente/BgblPdf/1997_201_2/1997_201_2.pdf [02.01.2015].

Bundesministerium für Bildung und Frauen. (2015). *Berufsbildendes Schulwesen*. Verfügbar unter: https://www.bmbf.gv.at/schulen/bw/bbs/berufsschulen.html [20.02.2015].

Fritz, U. (2012). *Kompetenzorientiertes Unterrichten - Grundlagenpapier*. Verfügbar unter: http://www.bildungsstandards.berufsbildendeschulen.at/fileadmin/content/bbs/K U/KU-Grundlagenpapier_16.7.2012.pdf [28.02.2015].

Gläser, M. (2014). *Medienmanagement*. München: Vahlen.

Institut für Bildungsforschung der Wirtschaft. (2015). *Bic - Berufsinformationscomputer*. Verfügbar unter: http://www.bic.at/bic_print_brf_all.php?brfid=169&regst=0&tab=1 [02.01.2015].

Kaczmarczyk, C., Kuhr, H., Strupp, P., Schmidt, J., & Schmidt, A. (2010). *Bautechnik für Bauzeichner.* Wiesbaden: Vieweg + Teubner.

Kromrey, H. (2002). *Empirische Sozialforschung.* Opladen: Leske + Budrich.

Kuhlmann, A. M., & Sauter, W. (2008). *Innovative Lernsysteme: Kompetenzentwicklung mit Blended Learning und Social Software.* Berlin Heidelberg: Springer-Verlag.

Landesschulrat für Steiermark. (2008). *Lehrplan für Berufsschulen.* Verfügbar unter: http://www.verwaltung.steiermark.at/cms/dokumente/11970513_74834849/6d91 32c7/G5%20Lehrplan%20Bautechnischer%20Zeichner.pdf [07.12.2014].

Moriz, W. (2008). *Blended-Learning.* Norderstedt: Books on Demand GmbH.

National Archives and Records Service. (1963). *Public Papers of the Presidents of the United States.* (G. S. Administration, Hrsg.) Washington: Federal Register Division.

ÖGB. (2014). *KV-Infoplattform - Ang. Baugewerbe u. Bauindustrie Angestellte.* Verfügbar unter: http://www.kollektivvertrag.at/kv/baugewerbe-u-bauindustrie-angestellte-ang [02.11.2014].

Ojstersek, N. (2007). *Betreuungskonzepte beim Blended Learning: Gestaltung und Organisation tutorieller Betreuung.* Münster: Waxmann.

Ortig, C. (2011). *Tablet PC's - Android vs. IOS.* München: GRIN Verlag.

Petko, D. (2014). *Einführung in die Mediendidaktik.* Weinheim und Basel: Beltz Verlag.

Pfeiffer, C., Mößle, T., & Kleiman, M. (2007). *Die PISA-Verlierer – Opfer ihres Medienkonsums.* Verfügbar unter: http://www.kfn.de/versions/kfn/assets/pisaverlierer.pdf [02.12.2014].

Pumberger, S. (2012). Österreich fällt bei Mathematik zurück, Verbesserung in Naturwissenschaften. *derStandard, 11.12.2012,* 2.

Schulgemeinschaftsausschuss der LBS. (2014). *Hausordnung.* Graz: Landesberufsschule.

Stockmann, R. (2004). Konzepte und Methoden für die Evaluation von E-Learning. In D. M. Meister, S.-O. Tergan, & P. Zentel (Hrsg.), *Evaluation von E-Learning.* Münster: Waxmann Verlag.

Viereck, A., & Sonderhüsken, B. (2001). *Informationstechnik in der Praxis*. Stuttgart, Leipzig, Wiesbaden: Teubner.

Weinert, F. E. (2014). *Leistungsmessungen in Schulen*. Weinheim und Basel: Beltz.

9 Abbildungsverzeichnis

10 Anhang

10.1 Fragebogen zur persönlichen EDV-Ausstattung

Fragebogen zur persönlichen EDV-Ausstattung:

Datum: ....

Alter: ....

Geschlecht: ☐ m ☐ w

1) Besitzen Sie ein „Smartphone"?	☐ Ja	☐ Nein		
Wenn „Ja":				
1a) Mit welchem Betriebssystem?	☐ iOS	☐ Android	☐ Windows	☐ Anderes
1b) Wem gehört Ihr Smartphone?	☐ privat	☐ Lehrbetrieb	☐ habe beides	
1c) Wären Sie dazu bereit, dieses Gerät im Unterricht zu verwenden?	☐ Ja	☐ Nein		

2) Besitzen Sie ein „Tablet"?	☐ Ja	☐ Nein		
Wenn „Ja":				
2a) Mit welchem Betriebssystem?	☐ iOS	☐ Android	☐ Windows	☐ Anderes
2b) Wem gehört Ihr Tablet?	☐ privat	☐ Lehrbetrieb	☐ habe beides	
2c) Wären Sie dazu bereit, dieses Gerät im Unterricht zu verwenden?	☐ Ja	☐ Nein		

3) Besitzen Sie ein „Notebook"?	☐ Ja	☐ Nein		
Wenn „Ja":				
3a) Mit welchem Betriebssystem?	☐ MacOS	☐ Android	☐ Windows	☐ Anderes
3b) Wem gehört Ihr Notebook?	☐ privat	☐ Lehrbetrieb	☐ habe beides	
3c) Ist Ihr Notebook W-LAN-tauglich?	☐ Ja	☐ Nein		
3d) Wie schwer ist Ihr Notebook?	☐ 0-1kg	☐ 1-2kg	☐ 2-3kg	☐ 3-4kg
3e) Wären Sie dazu bereit, dieses Gerät im Unterricht zu verwenden?	☐ Ja	☐ Nein		

10.2 AMA-Schularbeit vom 09.01.2015

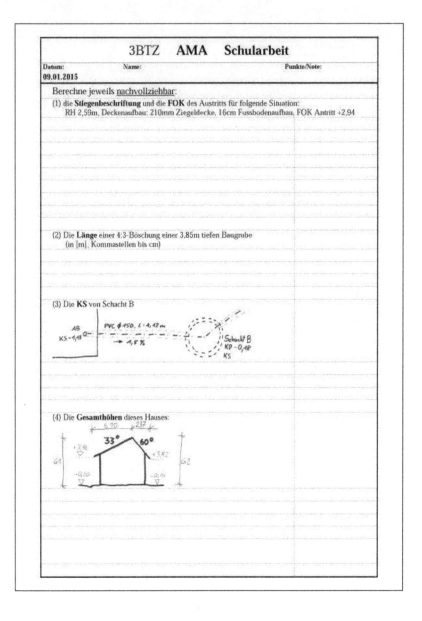

(5) Die **Entfernung** von Punkt A zu Punkt N:
(in [m], Kommastellen bis cm)

(6) Die **Koordinaten** der Hausecke P1:
(in [m], Kommastellen bis cm)

(7) Die **Bodenpressung** eines mit 139,14kN belasteten 1,2*0,8m großen Fundaments:
(in [N/cm²], 3 Kommastellen)

(8) Die nötige **Seitenlänge** eines quadratischen Fundaments für die Last von 220kN auf einem festen, bindigen Boden (σZUL=30N/cm²):
(in cm, ohne Kommastellen)

Notenschlüssel: 21-20 Punkte – Sehr Gut, 19-17 Punkte Gut, 16-14 Punkte Befriedigend, 13-11 Punkte Genügend

10.3 Fragebogen zur persönlichen Sichtweise der erlebten Unterrichtsmethode

Fragebogen zur persönlichen Erfahrung mit Blended Learning:

Datum: ....

Alter: ....

Geschlecht:　　☐ m　　☐ w

Note Schularbeit: ....

1) Sie waren Teilnehmer der Gruppe	☐ im PC-Raum	☐ im Klassenzimmer		
2) Wie haben Sie den Unterricht empfunden?	☐ schwierig	☐ neutral	☐ einfach	
3) Waren Sie mit dem Lehrstoff bereits vertraut, oder war er für Sie neu?	Bereits vertraut:	Teilweise neu bzw. vertraut:	Neu:	
3a) Stiegenberechnung	☐	☐	☐	
3b) Gefälleberechnung	☐	☐	☐	
3c) Trigonometrische Berechnungen	☐	☐	☐	
3d) Hauptaufgaben der Vermessung	☐	☐	☐	
3e) Fundamentberechnung	☐	☐	☐	
4) Arbeiten Sie lieber selbstständig-alleine, selbstständig-in der Gruppe, oder unter Anleitung eines Lehrers?	☐ selbstständig-alleine	☐ selbstständig-in der Gruppe	☐ unter Anleitung eines Lehrers	
5) Stellen Sie Fragen lieber mündlich, oder schriftlich?	☐ mündlich	☐ schriftlich		
6) Erhalten Sie Antworten lieber mündlich, oder schriftlich?	☐ mündlich	☐ schriftlich		
7) Haben Sie vorwiegend im Unterricht, oder zu Hause gelernt?	☐ im Unterricht	☐ zu Hause		
8) Haben Sie Nachhilfe in Anspruch genommen?	☐ ja	☐ nein